I0539142

# Duelo

# Reflexión

# Duelo

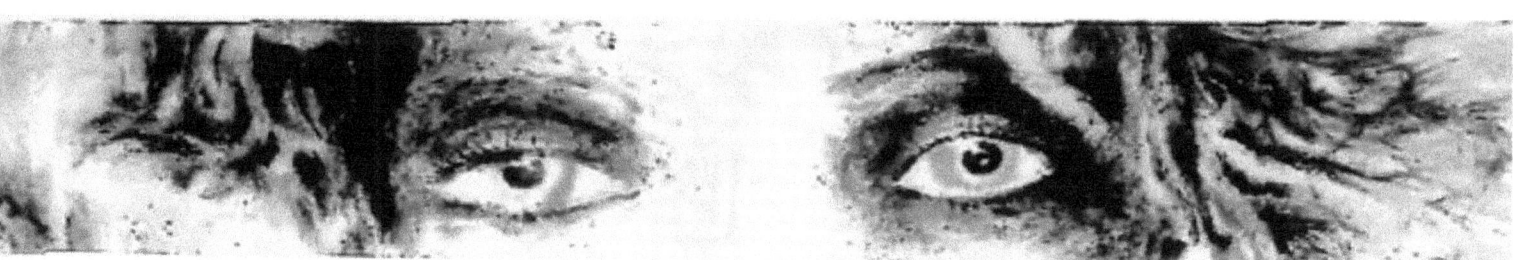

# Reflexión

TOM A. KECK

Copyright © 2025 by Tom A Keck

All rights reserved. No part of this publication may be reproduced, distributed, or transmitted in any form or by any means, including, photocopying,recording, or other electronic or mechanical methods, without the prior written permission of the copyright owner and the publisher, except in the case of brief quotations embodied in critical reviews and certain other noncommercial uses permitted by copyright law. For permission requests, write to the publisher, addressed "Attention: Permissions Coordinator," at the address below.

**CITIOFBOOKS, INC.**
3736 Eubank NE Suite A1
Albuquerque, NM 87111-3579
*www.citiofbooks.com*
Hotline:      1 (877) 389-2759
Fax:          1 (505) 930-7244

Ordering Information:
Quantity sales. Special discounts are available on quantity purchases by corporations, associations, and others. For details, contact the publisher at the address above.

Printed in the United States of America.
ISBN-13:    Paperback    979-8-89391-759-8
                 eBook          979-8-89391-760-4

Library of Congress Control Number: 2025912567

# En memoria de...

¿Cuál era el sueño?
¿Cuál era la esperanza?
¿Qué es?

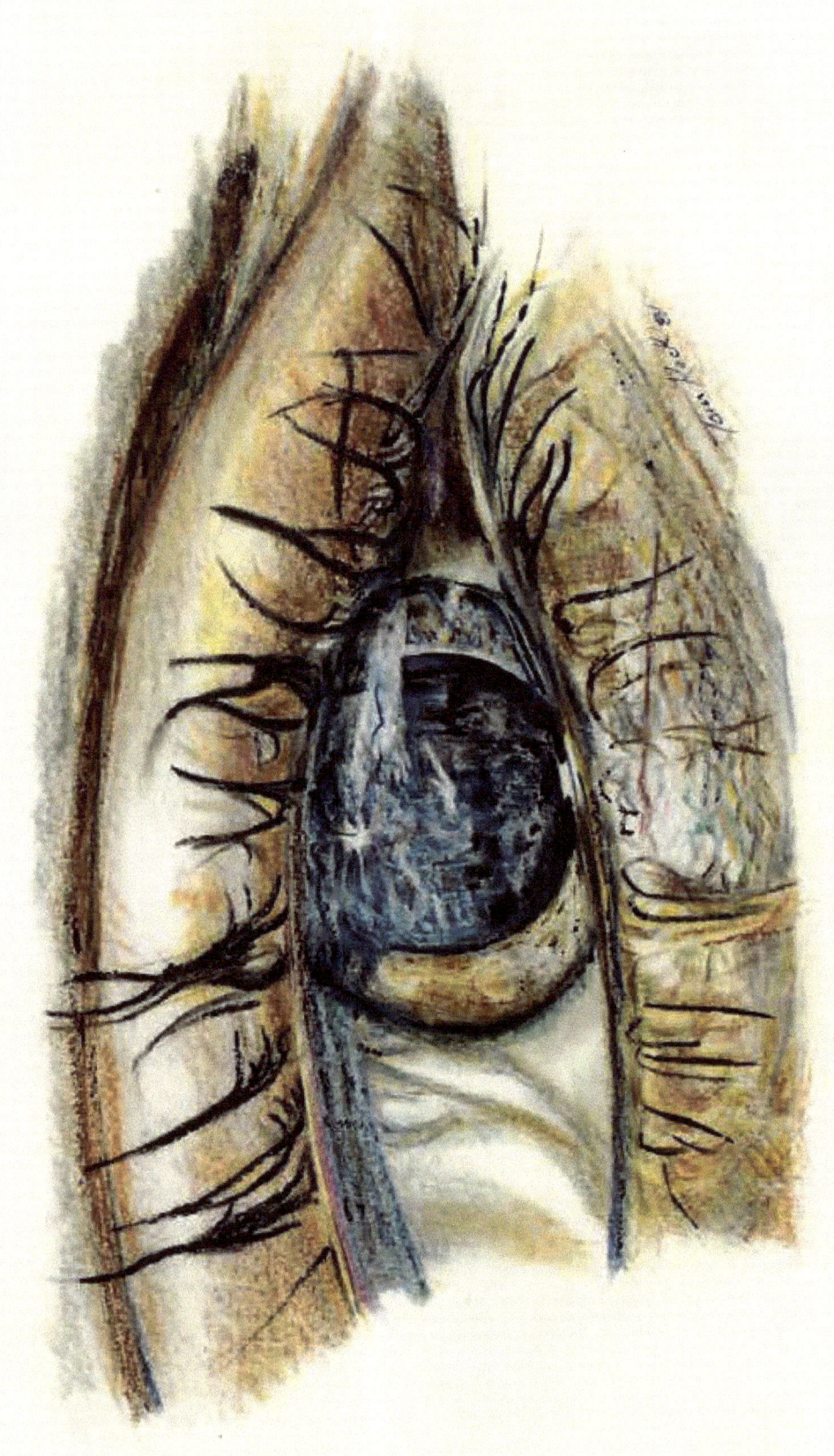

# ¿Estoy Perdido?

Dónde estoy ahora

porque

Cada paso que doy

Hago una elección

Cada momento que estoy DESPIERTO

Oigo una voz

Cada movimiento me dice algo

una palabra aquí, una mano allá

Es una expresión de pensamiento... o no

A través de la puerta

Abro mi mente

Me atrevo a preocuparme más allá de "lo mío"

Dejo que los corazones gobiernen

por no

Retener un pensamiento

# ÚNICO

Hace mucho tiempo -
en la antigüedad.
El mundo natal,
el impulso de la vida.
Siempre aprendiendo,
ya sea bueno o malo.
Cómo me preguntaba
y jugaba
...luego vagaba
y me desviaba,
y una parte de mi
alma se alejaba.

¿Puedo recordar el brillo original
- lo que creo saber?
Los segundos, los minutos-y los años se
desvanecen:
como rayos
-para siempre, pero solo en un instante.

Deslumbrando las olas de la revelación.
Cambiando de opinión
en la piel del mundo.
Respirando
la nube de la humanidad.
Haciendo crecer mi espíritu
aprendiendo a dar.
Creando un refugio-
en busca del Cielo.
Dando este paso con amor
en una brizna de eternidad.

# CUMPLEAÑOS

Gritos silenciosos refunfuñados
abundan las tensiones intensas
oscura visión de la luz
intención pasada desviada
aprieta mi mente correctamente
debo resolver alejarme
en mi propio camino zigzagueante
llorar ríos de lágrimas de lamento - por un tiempo
calmar cualquier ira cruda - por siempre
Limpiar el interior
con gracia, asentarse en tierra firme
Mi amor por Dios
Es el sonido de mi corazón

Tom A Keck 2-7-22

# PARA VOLVER A SER

---

Puedo enfriar mi corazón,

en la ignorancia, puedo ser audaz.

Puedo intelectualizar sobre

cualquier sombra de duda.

Puedo liberarme de la acidez estomacal,

si alguna vez la conciencia habla fuera de turno.

Me declaro inocente,

la sentencia se reduce a un punto.

Los prisioneros del pecado sufren solos,

deambulando y nunca en casa,

la culpa cabalga un poderoso corcel,

cuando lo que se necesita es esconderse en el interior.

Reinar en misericordia.

Pastar el corazón,

sabiendo que, en realidad, soy libre

para empezar de nuevo... para comenzar

con
tem
pla
tion

# La Hora de Observación

Sentarse ahora en una absurda complacencia.

Sentarse y juzgar lo que soy.

Edades oscuras, juzgar lo que soy.

Libro de la Vida – escrito.

Horas colgando de

las estaciones de Dios.

¡Hora de atacar!

Atemporal, preferiría serlo.

Ha llegado la hora,

Reza, porque la alegría está a un paso-

¡Corre!

# ELECCIÓN

Aquí reposo en el umbral de la muerte,

sin estar lejos de ti.

Todos los esfuerzos sin Dios son en vano

finales infructuosos.

Quiero hacer lo que quiera;

y aún así, continuar.

¡Restricción despiadada, nada se doblega!

Mi expectativa es tan grande

que apenas puedo soportarla.

Me quedo muy corto

sin medida de regla.

Pero mis explicaciones son elevadas,

al misericordioso.

¡Déjame ir! – Nútreme,

guíame, pero déjame crecer.

# Ama a tu enemigo

---

Abraza el alma

Busca la verdad

Despeja el ruido

Absorbe la sabiduría

Ámate a ti mismo

Vive por el amor de Dios.

Deja que la muerte muera.

# Bendición.

Lo inevitable está aquí.

# INFLUENCIA / RESOLUCIÓN.

Unifica

El Cuerpo y la Mente

con el

Dios en el que confiamos

en el amor y la verdad.

Purifica.

DEDICATED TO TRUE PARENTS

Hola OLAS Adiós.

Crecí - profundamente
en un gran patio,
en Colonial Hills, Ohio.
Lo más inspirador - una
presentación del principio
divino.

—Tom A Keck

# GARABATOS DESARROLLADOS

| | |
|---|---|
| Duelo - reflejado | 80 |
| en sus ojos | 81 |
| Dios está | 89 |
| con nosotros | 77 |
| Vida increíble | 76 |
| Encrucijada | 77 |
| Yo Tom | 90 |
| Batalla mental | 77 |
| Contemplación | 06 |
| Resurrección | 90 |
| Observatorio | 79 |
| Enterrado vivo - esperanza | 79 |
| Gemido | 06 |
| Bendición | 05 |
| Influencia/determinación | 79 |
| Introspección | 87 |
| Buenos días, amor | 81 |
| Olas | 82 |
| | Año |

Por Tom A Keck

www.ingramcontent.com/pod-product-compliance
Lightning Source LLC
Chambersburg PA
CBHW041128120626
46547CB00019B/2900